나를 채우는 일상 철학

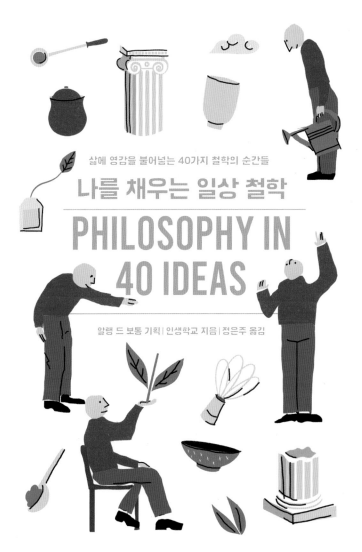

삶에 영감을 불어넣는 40가지 철학의 순간들

나를 채우는 일상 철학

PHILOSOPHY IN
40 IDEAS

알랭 드 보통 기획 | 인생학교 지음 | 정은주 옮김

orangeD

철학은 대단히 인기 없는 학문이고 잘 아는 사람이 드물다. 보통의 학교에서는 철학을 가르치지 않으며 대개의 성인은 철학을 이해하지 못한다. 철학이라는 학문 자체가 무섭고 낯설며 그다지 필요하지 않은 것처럼 보일 수 있다.

이 모든 것은 매우 안타까운 일이다. 철학은 나이를 불문하고 모든 사람에게 많은 것을 말해준다. 여러분이 철학을 공부하라는 말을 들을 일은 없겠지만, 그럼에도 어쩌면 철학은 가장 중요한 학문일지도 모른다. 우리는 위대한 철학 사상들의 역사를 둘러보는 여행을 통해 여러분에게 그 문을 열어주고자 한다.

'필로소피(philosophy)'라는 단어에는 철학이 왜 중요한지 알려주는 단서가 들어 있다. 그 어원은 고대 그리스어로 앞부분 '필로(philo)'는 사랑을, 뒷부분 '소피아(sophia)'는 지혜를 뜻한다. 따라서 '필로-소피'는 말 그대로 '지혜에 대한 사랑'을 의미한다.

철학은 인생의 난관에 대처할 수 있는 아주 좋은 방법이다. 즉 힘든 순간에 부딪혔을 때 도움을 주는 가장 훌륭하고 풍부한 생각의 보고다. 처음에는 야외 또는 공공 광장에서 평범한 사람들이 철학을 행했다. 소크라테스가 대표적이다. 소크라테스는 2,000여 년 전 아테네에 살았다. 그는 (당시의 다른 사람들과 마찬가지로) 기다란 옷을 입었고, 긴 수염을 지녔다. 그리고 도시를 돌아다니며 친구

들을 만나서 어떨 때 신이 나거나 걱정되거나 곤혹스러
운지 물었다. 그가 생각하길 사람들은 자신이 왜 그런 생
각과 감정을 갖는지 잘 모르는 경우가 많았다. 소크라테
스는 우리가 자신을 더 잘 이해하도록 돕는 데 철학을 활
용했다. 그는 '왜'라는 단어를 아주 좋아했다. 늘 사람들
에게 '왜'로 시작하는 곤란한 물음을 던졌다. 왜 당신은
이 사람과 친구인가요? 왜 당신은 이러이러한 것을 좋아
하지 않나요? 고약하거나 불편한 질문을 하려는 의도가
아니었다. 정말로 그는 흥미로운 토론을 원했고, 사람들
에게 생각하는 친구가 되고 싶었다.

소크라테스 시대 이후 철학은 대중적이고 친근하고 유
용한 것과는 거리가 멀어졌다. 대학 안에서, 지금 당장의

세상을 더 좋게 만드는 데는 관심이 없는 사람들이 주로 철학을 행했다.

다행히도 이제 철학은 다시 공공 의제가 되었고 우리 모두가 그 열매의 혜택을 누릴 수 있다. 여러분도 조금은 소크라테스와 비슷한 철학자가 되어 스스로에게 거대한 질문들을 던짐으로써 스스로의 생각하는 친구가 될 수 있다. 대화에 오신 것을 환영한다.

차례

1장 자기 삶의 주인이 되는 법

2장 불안에 흔들리지 않는 법

3장 관계에서 중심을 잡는 법

4장 복잡한 세상을 이해하는 법

일러두기

1. 맞춤법과 외국어 표기는 국립국어원의 용례를 따랐다. 다만 국내에서 이미 굳어진 명사의 경우에는 익숙한 표기를 사용했다.

2. 단행본과 정기 간행물 등은 『 』, 시와 단편은 「 」로 표기했다.

3. 외국 도서 가운데 국내에 소개된 경우에는 번역된 제목을 그대로 사용했다.

"우리 모두는 더 지혜로워지려고
노력할 수 있고 노력해야 한다."

_본문 중에서

1장

자기 삶의 주인이 되는 법

나는 누구일까?

소크라테스 _ "너 자신을 알라"

서양 철학 초기의 가장 위대한 인물인 소크라테스는 철학의 목적을 "너 자신을 알라"라는 간단한 한마디 말로 요약했다. 그는 이 경구를 자기 사상의 화두로 삼아 인간으로 존재하는 것에 따르는 중대한 문제를 암시했다. 그 문제란 우리는 불행히도 우리 자신을 잘 안다고 착각할지 모르지만, 보통은 잘 알지 못한다는 것이다.

대개 의식의 환한 조명은 우리 안에서 실제로 일어나고 있는 전체 중 일부만 비춘다. 우리는 우리가 좀처럼 주의를 기울이지 않는 힘들의 지배를 받고 있다. 시기, 부인된 분노, 묻힌 상처, 어린 시절의 생각 등은 우리의 관점을 형성하는 틀이지만 우리는 이러한 힘들을 우리 안에 품고 있음을 거의 깨닫지 못한다. 그리고 이 무지는 으레 재

앙을 불러온다.

소크라테스가 주장한 해법은 우리의 마음을 꾸준하고 세심하게 살피는 것이다. 그는 스스로에게 다음과 같이 체계적으로 질문하기를 권했다. 나의 우선순위는 무엇인가? 내가 정말로 두려워하는 것은 무엇인가? 내가 진정으로 원하는 것은 무엇인가? 이때 참을성 있고 사려 깊은 친구가 함께 있으면 더할 나위 없다.

우리의 생각과 감정을 탐색하고 해석하는 것은 철학자가 된다는 의미의 본질이었으며, 지금도 여전히 그렇다.

소크라테스(Socrates, B.C.470~B.C.399)

고대 그리스 아테네에 살았던 서양의 초기 철학자. 어떠한 저술도 남기지 않았으나, 제자 플라톤을 비롯해 타인이 남긴 기록으로 그의 생애와 사상 대부분이 전해진다. 거듭되는 질문을 통해 비판적 사고를 이끄는 문답법, 통칭 소크라테스식 대화법을 사용했다.

빈틈없이 완벽할 수 없을까?

임마누엘 칸트 _

"인간을 구성하는 굽은 나무로
완전히 곧은 것은 결코 만들 수 없다"

길고 좀 어려워 보이지만 시선을 사로잡는 칸트의 이 문
장은 우리를 구원하는 힘과 더불어 서양 철학의 정수를
담고 있다. 칸트는 인간이 이성과 고귀한 지성만큼이나
정념과 그릇된 본능 또한 지닌 생물이기 때문에 인간이
하는 모든 일은 어딘가 허술하기 마련이라는 사실을 인
정해야 한다고 충고한다.

현명한 사람은 암울한 현실을 직시하고 받아들이기에
완벽을 기대하지 않는다. 가령 정부를 설계할 때 합리성
이 승리하리라고 가정하지 않는다. 그 대신 오류와 어리
석음이 고집부리는 상황을 예상하고 이를 억제하는 구
조를 만든다. 결혼할 때도 현실적인 태도를 취한다. 한
사람이 자신의 전부가 되리라 결코 기대하지 않으며, 따

라서 배우자가 그런 사람이 되지 못하더라도 들볶지 않는다.

우리의 굽은 본성을 인정하는 것은 낙담할 일이 아니다. 오히려 그것을 인정할 때 비로소 관대한 마음과 쓸쓸하지만 멋진 유머가 생겨난다. 그리고 칸트가 덧붙였듯이, 굽은 목재도 재능 있는 목수의 손에서는 아름다운 마루로 거듭날 수 있다.

임마누엘 칸트(Immanuel Kant, 1724~1804)
프로이센의 철학자. 18세기 서양 철학에 커다란 영향을 미친 인물로 자신의 대표 저서 『순수이성비판』(1781), 『실천이성비판』(1788), 『판단력비판』(1790)을 통해 인식론과 윤리학, 미학 등 다양한 분야에서 과거 철학을 비판적으로 바라보는 그의 시각을 가감 없이 드러냈다.

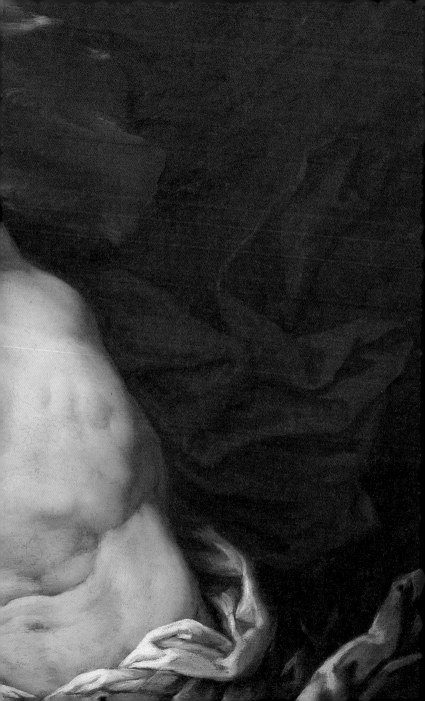

삶이 허무하게 느껴지는 이유

알베르 카뮈 _ 시지프 신화

『시지프 신화』는 가장 널리 읽힌 20세기 철학서 중 하나다. 1942년 알베르 카뮈가 펴낸 이 책의 첫 문장은 아주잘 알려져 있다. "정말로 진지한 철학적 문제는 오직 하나, 바로 자살이다."

카뮈가 이토록 냉엄하게 주장한 이유는 다음과 같다. 우리가 철학자처럼 진지하게 사유하기 시작하면 이내 삶이란 본래 의미 있는 것이 아님을 알게 되고, 그러면 왜 굳이 존재해야 하는지 의문이 들 수밖에 없기 때문이다.

카뮈는 우리가 여러 면에서 시지프(시시포스의 프랑스어이름—옮긴이)와 비슷하다고 말한다. 시지프는 신들에 의해 바위를 산 정상으로 밀어 올리는 형벌을 받는다. 하지만 바위는 산 정상에 오르자마자 아래로 굴러떨어지고, 시지프는 다시 바위를 산 정상에 밀어 올리는 일을 영원히 반복한다.

카뮈에 따르면 우리는 실존의 배경이 부조리하다는 사실을 인정하되 거듭되는 절망의 가능성을 이겨 내야 한다. 그는 "시지프가 행복하다고 상상해야 한다"라는 유명한 말을 남겼다. 거듭 행복의 마법에 걸리기 위한 노력의 일환으로, 카뮈는 삶이 견딜 가치가 있을지도 모르는 갖가지 이유를 그 자신과 우리에게 일깨우고자 글을 썼다. 관계, 자연, 해변, 휴가, 축구, 여름밤 등 삶의 이면에 도사리고 있는 허무감으로부터 우리를 가장 잘 보호해주는 재료들을 활용해서 말이다.

알베르 카뮈(Albert Camus, 1913~1960)
『이방인』(1942), 『페스트』(1947)를 쓴 프랑스 국적의 작가. 1957년 노벨문학상을 수상했다. 『이방인』과 같은 해 발표된 철학 에세이 『시지프 신화』에서 카뮈는 본격적으로 '부조리'의 문제를 다뤘다. 본문에 두 번째로 인용된 문장은 『시지프 신화』의 마지막 문장이다.

우리는 왜 여기에 존재할까?

마르틴 하이데거 _ 존재와 시간

가장 이해하기 힘든 독일 철학자를 가리는 대회가 있다면 우승자는 단연 마르틴 하이데거일 것이다. 그의 역작 『존재와 시간』(1927)에서 펼쳐지는 난해하고도 찬란한 산문체에 필적할 만한 상대는 없다. 이 책에서 하이데거는 일상생활에서 삶 또는 '존재'의 순전한 신비에 제대로 가닿기는 어렵다고 주장한다.

우리가 온갖 존재의 기이한 낯섦을 마주하는 건 어쩌다 한 번이 고작이다. 가령 깊은 밤에 혹은 자연 속을 거닐다가 문득 궁금증이 들지 모른다. 사물들이 왜 그렇게 존재하는지, 우리는 왜 저곳이 아닌 이곳에 있는지, 세상은 왜 이와 같은지, 저 나무나 이 집은 왜 그런 모습으로 존재하는지 새삼 궁금해지는 것이다. 그리고 철학적인 사색에 빠져든다.

이처럼 드물게 사물의 평상시 상태가 설핏 흔들리는 순간을 포착하고자 하이데거가 논한 개념이 바로 '존재의 비밀'이다. 이와 같이 그의 철학 전체는 우리로 하여금 존재의 경이로운 낯섦을 음미하고 그에 적절히 반응하도록 헌신한다.

마르틴 하이데거(Martin Heidegger, 1889~1976)

20세기 현대 철학을 대표하는 독일의 철학자. 『존재와 시간』은 미완성인 상태에서 출간되었음에도 방대하고 복잡한 사유 속에서 하이데거만의 독특한 철학이 담긴 그의 대표작으로 꼽힌다. 하이데거의 철학은 이후 장폴 사르트르를 비롯한 실존주의 철학자들에게 큰 영향을 주었다.

인생을 어떻게 살아야 할까?

유교 _ 공자의 삶

유교 사상은 공자의 인품과 생활 방식을 둘러싼 일화들을 통해 전해진다. 즉, 우리는 공자의 강의가 아니라 공자가 인생의 크고 작은 순간에 보여준 행동에서 교훈을 얻는다. 가령 유교의 핵심 경전 『논어』에 나오는 유명한 이야기 중 하나는 재산보다 사람을 우선시하는 공자의 태도를 보여준다. "마구간에 불이 나자 공자께서는 조정에서 나와 '사람이 다쳤느냐?'고 물을 뿐 말에 대해서는 묻지 않으셨다." 당시에 동물은 오늘날로 치면 자동차와 같은 재산이었다.

공자를 따른다는 것은 '공자라면 이럴 때 어떻게 할까?'라는 질문을 스스로에게 끊임없이 던진다는 의미다. 철학자가 사유의 본보기가 되는 것이다. 이는 철학을 하는 의외로 유익한 방법이다. 훌륭한 행동을 추상적으로 배우기는 쉽지 않다. 따라서 다른 사람의 선한 행동을 보고 본받아 실천해야 한다. 기원전 6세기 중국 북동부에 살았던 공자가 우리 시대에 놀랍도록 많은 가르침을 주며 우리를 감화하는 자상하고 매력적인 롤 모델로 떠오르는 이유다.

공자(孔子, B.C.551~B.C.479)

춘추 시대의 유학자. 노나라에 태어난 공자는 제자를 양성하다 노나라의 임금 정공의 신임을 얻어 중앙 정계에 진출한다. 이후 노나라에서 자신의 이상이 실현될 수 없다고 판단하고, 이상을 실현할 나라를 찾아 제자들과 함께 중국 곳곳을 방랑한다. 하지만 공자는 끝내 정착할 곳을 찾지 못하고 노나라로 귀국해 생을 마친다.

내면을 단단히 만드는 법

도교 _ 대나무의 지혜

동아시아는 '대나무 문명'이라 불렸다. 일상생활에서 대나무가 광범위하게 쓰인 까닭도 있지만 대나무의 상징적인 속성들이 도교 철학을 통해 수백 년간 찬미되었기 때문이다.

대나무는 나무가 아닌 풀로 분류되지만 숲과 삼림을 이룰 정도로 키가 크고 튼튼하다. 나무의 몸통과 달리 대나무 줄기는 속이 비었는데, 이것이 바로 대나무가 지닌 강인함의 원천이다. 대나무는 세찬 바람이 불면 때로 땅에 닿을 듯이 휘지만 다시 튀어 올라 원래의 모습을 찾는다. 노자가 우리에게 "대나무와 같아져야" 한다고 말한 이유다.

대나무를 그린 가장 위대한 화가는 청나라 시대의 도교 시인이자 미술가, 철학자인 정섭이었다. 정섭은 800점의 대숲 그림을 그렸다고 전해진다. 그에게 대나무 숲은 지혜로운 사람이 어떻게 행동하는지를 보여주는 완벽한 본보기였다. 한 대나무 수묵화에 그는 우아한 필체로 다음과 같이 썼다. "청산을 악물고 놓아주지 않네, 쪼개진 바위틈에 뿌리가 박혀 있구나, 천 번을 갈고 만 번을 쳐도 여전히 굳건하니, 동서남북 바람이여 마음대로 불려무나." 대나무에 관한 글이지만 틀림없이 우리 모두에게 전하는 메시지이기도 하다.

정섭(鄭燮, 1693~1765)

중국 청나라 시대의 문인이자 화가. 한때 지방 관리로 일했으나 사직 이후 줄곧 시를 쓰고 그림을 그리며 예술 활동을 계속했다. 주로 대나무를 포함한 사군자를 그렸으며, 도제와 함께 대표적인 청나라 시대의 사군자 화가로 통한다.

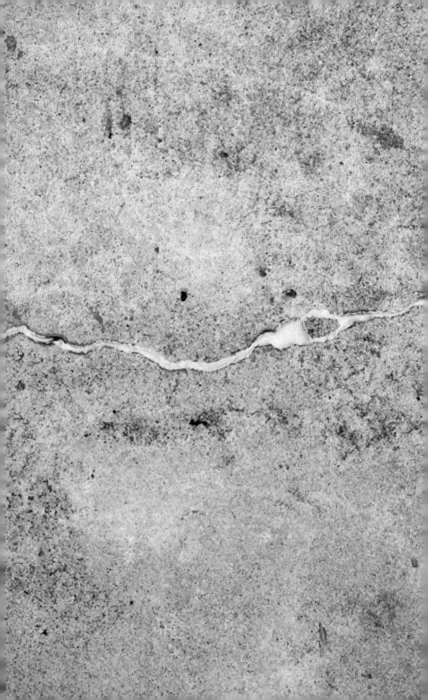

실수하면 모든 게 끝일까?

선불교 _ 긴쓰기, 깨어짐 속의 희망

16세기 이래로 일본의 선불교 철학은 고친 사물이 지닌 특별한 아름다움과 지혜를 알고 있었다. '긴쓰기'는 두 개념을 합친 말로 '긴(金)'은 '금', '쓰기(継ぎ)'는 '이어 붙임'을 뜻한다. 선종 미학에서는 뜻하지 않게 박살 난 도자기의 파편을 그냥 버리는 것이 금물이다. 조심스럽게 주워서 다시 맞춘 다음 금가루를 듬뿍 섞은 옻을 발라 접합해야 한다. 이때 파손 흔적을 감추려고 해서는 안 된다. 이어 붙인 선을 아름답고 단단하게 만드는 것이 핵심이다.

금가루가 묻은 귀한 선들은 깨어짐 그 자체가 풍부한 가치를 지니고 있음을 강조한다. 이와 같은 생각은 묵직한 울림을 전한다. 우리 모두는 어떤 면에서 깨어진 피조물이다. 수리가 필요한 것은 부끄러운 일이 아니다. 수리한 그릇은 우리 또한 분명한 결함을 지녔더라도, 다시 조립될 수 있고 여전히 사랑받을 수도 있다는 희망의 상징이다.

선불교(禪佛敎)

5세기 중국에서 발흥한 대승 불교의 한 갈래. 참선 수행을 통한 깨달음을 중요하게 여긴다. 일본에는 가마쿠라 시대에 전래되어 융성했으며 다도, 건축, 정원 문화 등 다방면으로 크게 영향을 끼쳤다. 대표적으로는 여백을 충분히 살리고 정갈하면서도 고요한 분위기가 특징인 '젠(Zen)' 스타일이 선불교의 영향을 받았다.

결점은 꼭 숨겨야 할까?

선불교 _ 와비사비, 불완전한 것에 대한 사랑

일본 철학자 무라타 주코는 1488년 교토에서 쓴 「마음의 글」에서 두 개념을 결합한 독특하고 새로운 미의식을 제시했다. 하나는 홀로 있음의 달곰쏩쓸한 적적함을 의미하는 '와비(侘)'이고, 다른 하나는 사물의 가치를 높이기도 하는 노화와 마모의 흔적을 가리키는 '사비(寂)'다.

주코는 지혜라는 선불교 이상의 중심 원칙을 예술적이고 미적인 관점으로 해석한다. 사물, 풍경, 우리가 사는 집, 우리 자신 등 모든 것에서 나타나는 시간의 자취와 불완전의 증거를 기꺼이 받아들여야 한다는 것이다.

우리는 단순하고 투박한 잔, 오래된 기왓장, 길 위에 조금 어수선하게 흩어진 낙엽 따위를 사랑하고 음미함으로써 우리의 덧없고 불완전하며 영웅적이지 못한 본성과 상징적으로 화해한다. 결함을 인위적으로 숨겨서는 안 되고, 손상의 흔적은 눈에 보이게 그대로 놓아두어야 한다.

요컨대 와비사비는 있는 그대로의 진정한 우리, 즉 지극히 인간적인 우리의 본모습과 화해하도록 우리를 이끈다.

무라타 주코(村田珠光, 1422?~1502)

일본 무로마치 시대의 차인(茶人)이자 승려. 본문에 나오는 「마음의 글」은 무라타 주코가 그의 제자에게 쓴 편지다. 당시에는 '다도(茶道)'라는 용어가 없었지만, 주코는 이 편지에서 이미 차 문화를 도(道)의 영역으로 끌어올렸다고 평가받는다.

アメンボウ

水黽

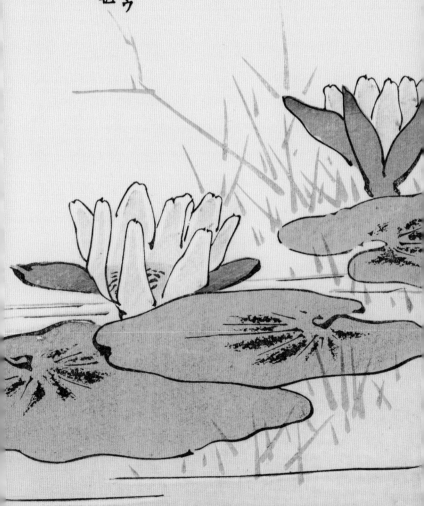

잠시 나를 잊고 싶은 순간

선불교 _ 하이쿠

서양 철학의 가장 위대한 텍스트는 대개 단어 수가 수십만 개에 달한다. 그런데 선불교 철학을 담은 가장 심오한 저작 중 일부는 삼행시 형식으로 쓰였다. 하이쿠라고 알려져 있는 이 시는 세 부분으로 구성된다. 두 가지 심상과 그 둘의 병치를 이끄는 마지막 행이 그것이다.

일본 철학에서 제일 유명한 하이쿠는 마쓰오 바쇼의 「오래된 연못」이다.

오래된 연못
개구리 뛰어드는
물소리

언뜻 보기에는 단순하기 그지없다. 하지만 마음 상태가 나쁘지 않다면, 구원의 몽상을 부르는 나긋한 요청이 들릴 것이다. 다음은 바쇼가 쓴 또 한 편의 하이쿠다.

산길 넘는데
어쩐지 끌리는
제비꽃

바쇼는 시가 읽는 이로 하여금 자연 세계와 합일되는 감각을 잠시나마 느끼게 만든다고 믿었다. 그것이 바쇼가 생각한 이상적인 시다. 언어를 통해 우리는 돌이 되고 물이 되고 별이 되어 '자기 존재를 잊은' 득도의 경지, 즉 선불교 철학자들이 '무아(無我)'라 일컫는 고양된 마음 상태에 도달할 수 있다.

마쓰오 바쇼(松尾芭蕉, 1644~1694)

일본 에도 시대의 시인. 하이쿠의 대가를 넘어 성인(聖人)으로 손꼽힐 만큼 일본 하이쿠의 대명사와도 같은 존재다. 길이가 아주 짧은 하이쿠는 제약이 적어 형식에 얽매이기 싫어하는 문인이나 평민이 많이 지었다.

짧은 인생을 어떻게 받아들일까?

선불교 _ 모노노아와레, 사물의 파토스

모노노아와레(物の哀れ)는 존재, 특히 아름다운 사물이 단명하는 본성을 예리하게 감각하는 정서를 설명한다. 이는 우리가 사랑하고 즐기는 모든 것이 사라질 것임을 아는 데서 오는 애잔함을 가리키지만, 절망을 끌어내기보다는 삶의 덧없는 찬란함을 더 강렬하고 더 통렬하게 향유하도록 자극한다.

선불교에서 벚꽃은 이 복잡한 감정의 핵심 대상이다. 벚나무에 달린 섬세한 꽃들이 만개하여 선사하는 아름다움은 불과 며칠밖에 지속되지 않지만, 그 아프도록 짧은 생 때문에 오히려 한층 더 강렬하게 느껴진다. 또는 밤하늘 보름달 앞을 지나가는 구름이라든지, 가을날 안개 자욱한 호수 위를 가로질러 낮게 날아가는 왜가리의 아름다움도 그와 같은 감정을 불러일으킬 수 있다.

우리는 이러한 것들이 불교의 근본 진리를 상징한다고 보아야 한다. 우리 또한 잠시 머물다 가는 존재이며, 우리 역시 이울고, 점차 희미해져 마침내 죽을 것이라는 진리 말이다. 이는 절망할 이유가 아니다. 우리에게 주어진 짧은 기회를 위해 인생이 한순간임을 분명히 염두에 두고, 시간을 더욱 소중하게 여길 이유가 될 뿐이다.

2장

불안에 흔들리지 않는 법

두려움을 이겨 내는 기술

고대 그리스 철학 _ 필로 소피아

고대 그리스어에서 '필로(philo)'는 사랑을, '소피아(sophia)'
는 지혜를 의미한다. 말 그대로 철학자(philosopher)는 지혜
를 향한 사랑이 유난히 강렬한 사람이다. 지혜는 추상적
이고 고귀한 개념처럼 느껴질 수 있지만 실은 그렇지 않
다. 우리 모두는 더 지혜로워지려고 노력할 수 있고 노력
해야 한다. 지혜로운 사람은 무엇보다도 세상만사가 얼
마나 힘들 수 있는지 현실을 직시한다. 그들은 모든 일이
복잡하기 마련이라는 점을 잘 알고 있다. 무엇이든 전부
쉽고 다 잘되리라는 기대를 거의 하지 않는다. 결과적으
로 아주 별것 아닌 시간일지라도 평온하고 아름다운 순
간을 기민하게 알아챈다.

지혜로운 사람은 자신을 포함한 모든 인간이 어리석음과

결코 멀리 떨어져 있지 않음을 자각하고 있다. 적어도 인생의 반은 비이성적이라는 것을 알기에 늘 광기에 대비하며, 광기가 고개를 들어도 쉽사리 공포에 질리지 않는다. 지혜로운 사람은 그들이 원하는 고상한 방식과 원하는 방식대로 돌아가지 않기 일쑤인 망령된 현실의 끊임없는 충돌을 바라보며 웃을 줄 안다.

고대 그리스 철학

기원전 7세기경 고대 그리스의 초기 철학자들은 우주의 근원과 만물의 원리를 탐구했다. 그들은 이를 통해 세계의 질서와 위치를 밝히는 법칙을 찾고자 했다. 기원전 5세기 후반에 이르면 페르시아와의 전쟁에서 이긴 아테네에서 민주주의가 공고해졌고, 이에 따라 소피스트가 등장하여 시민들에게 웅변술을 가르쳤다. 그들의 활동은 이후 소크라테스부터 플라톤, 아리스토텔레스로 이어지는 그리스 철학의 황금기를 만드는 밑거름이 되었다.

꼭 행복해야만 할까?

아리스토텔레스 _ 에우다이모니아

철학자 아리스토텔레스는 통상 '성취'로 번역되는 고대 그리스어 '에우다이모니아(eudaimonia)'를 특히 강조했다. 이 단어는 오늘날 언어에서 가장 중심적인 용어 중 하나인 '행복'의 결점을 바로잡기에 더 널리 통용될 가치가 있다.

고대 그리스인은 삶의 목적을 결단코 '행복'에 두지 않았다. 그들에게 삶의 목적은 '성취'를 이루는 것이었다. 행복과 성취를 구별하는 기준은 괴로움이다. 성취를 이루면서 동시에 압박감에 시달리고, 신체적으로나 정신적으로 고통받고, 과중한 부담에 짓눌리고, 걸핏하면 화를 내는 상태는 얼마든지 가능하다. 인생에서 가장 보람 있는 일들은 때때로 만족과 상당히 상충되겠지만, 그럼에도 계속할 만한 가치가 있다.

이제 우리는 행복해지려고 애쓰지 않아야 한다. 그 대신 에우다이모니아를 추구할 때 수반되기 마련인 좀 더 폭넓은 현실주의와 야망과 인내를 기꺼이 받아들여야 한다.

아리스토텔레스(Aristoteles, B.C.384~B.C.322)

고대 그리스의 철학자. 플라톤의 제자이자 알렉산드로스 대왕의 스승으로 잘 알려져 있다. 아리스토텔레스에게 철학이란 실용적인 지혜였다. 그는 철학을 통해 인간을 행복하게 하는 것은 무엇인지, 예술과 친구는 왜 필요하고, 바쁜 일상 속에서 어떻게 생각할 틈을 낼지 같은 문제를 고민했다. 『오르가논』, 『형이상학』, 『시학』, 『정치학』 등 다수의 저서를 지었다.

실패에도 좌절하지 않을 수 있을까?

루키우스 안나이우스 세네카 _

"삶의 단편을 두고 눈물지을 필요가 어디 있겠는가?

삶 전체가 눈물을 부르거늘"

로마의 철학자 세네카는 이 음울한 유머로 친구들과 자기 자신을 위로하곤 했다. 이 말은 스토아 철학의 본질을 꿰뚫는다. 세네카가 창시에 기여하고 200년간 서구를 지배했던 스토아학파의 철학에 따르면 우리가 울고 화내는 이유는 단순히 계획이 실패해서가 아니라, 실패하지 않으리라는 간절한 기대가 좌절되었기 때문이다.

삶은 우리를 너무나도 가혹하게 실망시킨다. 따라서 세네카는 그런 일이 일어나기 전에 우리를 찬찬히 실망시키는 것이 철학의 과업이라고 생각했다. 기대가 덜할수록 괴로움도 덜한 법이다. 우리는 그나마 위안이 되는 비관주의의 도움을 받아 분노와 눈물을 훨씬 덜 불안정한 복합체인 슬픔으로 바꾸려 노력해야 한다. 세네카에게는 우리를 우울하게 만들려는 의도가 없었다. 다만 지나치게 간절한 희망은 좌절되었을 때 비통과 절규를 불러오기에, 그런 희망으로부터 우리를 보호하고자 했다.

루키우스 안나이우스 세네카(Lucius Annaeus Seneca, B.C.4?~65)

스토아 학파의 대표적인 철학자. 로마 황제 네로의 스승이기도 하다. 당시 로마에서 손꼽히는 귀족 가문에서 태어났으며, 작가이자 수사학자로 유명한 동명의 아버지와 구분하기 위해 '소 세네카(Seneca the Younger)'라는 이명으로 불리기도 했다. '세네카의 비극' 시리즈를 비롯해 굉장히 많은 저작을 남겼으나, 네로에게 반역 혐의를 받고 자결한다.

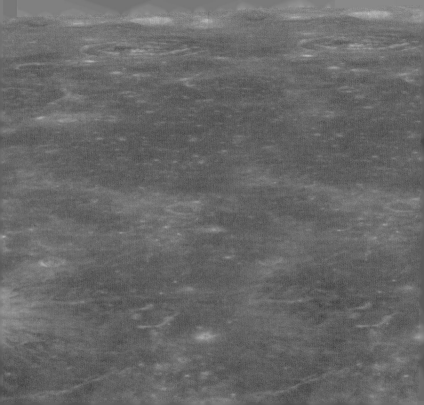

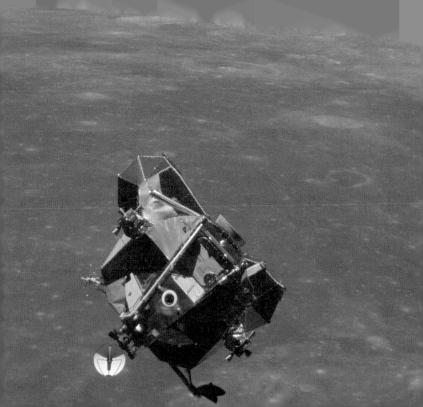

눈앞에 닥친 상황에 화가 난다면?

바뤼흐 스피노자 _ 영원의 관점에서

라틴어 '수브 스페키에 아이테르니타티스(sub specie aeternitatis)'를 번역하면 '영원의 관점에서'라는 뜻이다. 이 기억할 만한 어구의 출처는 1677년에 출판된 네덜란드 철학자 바뤼흐 스피노자의 저서 『에티카』다.

스피노자에게 철학의 과업은 세상만사, 특히 우리 자신의 고통과 실망을 '영원의 관점에서' 바라보도록 가르치는 것이었다. 이를테면 까마득히 멀리서 혹은 다른 별에서 지구를 내려다보듯이 말이다(스피노자의 세계관은 갈릴레오에게 많은 부분 빚졌다). 그처럼 아득히 높은 곳에서 보면 우리를 괴롭히는 일들은 더 이상 그리 충격적이거나 대단하게 느껴지지 않는다. 달 위에서 관조한다면 이혼이 무엇이며 해고가 무엇일까? 45억 년 지구 역사에 비추어 보면 사랑을 거절당한 사건은 어떻게 보일까?

인간은 본성상 언제나 지금 여기를 지나치게 크게 생각하는 경향이 있지만, 우리의 합리적 지성은 독특한 대안적 관점을 열어준다. 우리는 스피노자가 말한 '영원한 전체'의 일부가 될 수 있으며, 현 상황에 대한 격분을 멈추고 냉정한 눈으로 침착하게 인간사의 흐름에 몸을 맡길 수 있다.

바뤼흐 스피노자(Baruch Spinoza, 1632~1677)
네덜란드에서 태어난 포르투갈계 유대인 철학자. 『에티카』는 스피노자의 유작이다. 근대 합리주의의 정수로 손꼽히는 이 저작을 통해 스피노자는 서양의 근대 철학과 계몽주의에 큰 영향을 끼쳤다. 헤겔이 스피노자 이후 서양의 철학자는 스피노자주의자이거나 아예 철학자가 아니라고 말하고, 들뢰즈가 그를 '서양 철학의 왕'이라 평할 만큼 그의 영향력은 지대했다.

피할 수 없는 고통을 어떻게 마주할까?

쇠렌 키르케고르 _ 실존적 불안

우리는 필요한 정보가 부족하고 미래를 확신할 수 없는 상황에서 여러 선택지 가운데 하나를 골라야만 하는 필요에 의해 자주 불안에 빠진다. 이때 우리는 실존적 불안이라고 하는 상태에 놓인다. 실존적 불안의 순간에 십중팔구 우리는 실수와 행복 사이가 아니라 갖가지 고통 가운데서 하나를 선택하게 된다.

이는 19세기 초반의 덴마크 철학자 쇠렌 키르케고르가 깨달은 지혜로, 그의 역작 『이것이냐 저것이냐』에서 쏟아낸 유희적이면서도 서늘하도록 현실적이고 격정적인 통탄 속에 잘 요약돼 있다. "목을 매시오. 그러면 후회할 것이오. 목을 매지 마시오. 그래도 후회할 것이오. 어느 쪽이든 후회하게 되오. 목을 매든 안 매든 후회하기는 매한 가지요. 선생들, 이것이 모든 철학의 정수라오."

우리는 동정받을 자격이 있다. 형편없는 결정을 내리겠지만, 그럼에도 씁쓸한 진실에서 위안을 얻을 수 있다고 키르케고르는 말한다. 그 진실이란, 실존의 조건 자체가 우연적이기보다 본래적으로 좌절을 안겨주기 마련이므로 더 나은 선택이란 존재하지 않는다는 것이다. 고통의 불가피성을 인지하면 얻을 수 있는 묘한 안도감, 이것이 키르케고르 읽기가 주는 재미이자 작은 위안이다. 우리를 파멸로 내모는 건 결국 어둠이 아니라 잘못된 종류의 희망이다.

쇠렌 키르케고르(Søren Kierkegaard, 1813~1855)

19세기 덴마크의 철학자. 20권이 넘는 다수의 저서를 집필했다. 특히 『공포와 전율』(1843), 『죽음에 이르는 병』(1849)과 함께 그의 명성을 만드는 데 크게 일조한 『이것이냐 저것이냐』(1843)에서 키르케고르는 우리가 편하고 감상적인 환상에서 깨어나야 한다고 말했다. 세상의 공포를 향한 지적이고 전술적인 단 하나의 방법은 반항적인 웃음이라고 주장한 키르케고르는 이후 등장하는 실존주의의 선구자로 일컬어지기도 한다.

고통에도 초연할 수 있을까?

불교 _ 삶은 곧 고통이다

부처의 '사성제(四聖諦, 네 가지 성스러운 진리)' 중 첫 번째이
자 핵심 진리는 고제(苦諦)다. 삶이란 피할 수 없는 괴로움
이라는 의미다. 부처는 우리의 기대를 끊임없이 조정하
여 무엇이 우리를 기다리고 있는지 알도록 만든다. 섹스
는 실망스러울 것이고, 젊음은 사라질 것이며, 돈은 고통
을 덜어주지 않을 것이라는 식이다.

부처가 생각하는 지혜로운 사람은 실존에 따르는 일상
적인 혼란을 겪으며 집 안에서 온전히 성장하기 위해 정
진한다. 그들은 인간이라면 누구나 오물 더미 위에서 살
고 있음을 이해한다. 살다 보면 천박함과 악의가 고개를
들 때가 있기 마련이지만, 그들은 완전히 꺾인 희망을 기
저에 깔아 두기 때문에 그럴 때조차 억울하고 힘 빠지는

기분이나 쉽게 믿고 배신당한 감정을 느끼지 않는다.

부처는 종종 놀랍도록 쾌활했고 보통은 호감 가는 온화한 미소를 띠었다. 훌륭하고 기분 좋고 즐거운 것이라면 무엇이든 맞닥뜨리는 즉시 뜻밖의 선물처럼 받아들인 덕분이다. 원체 암담한 전제를 깔고 있으니 그런 것은 심히 흐뭇한 보너스와 같았던 셈이다. 그는 삶이라는 암막을 늘 염두에 두었기에 거기서 도드라져 나오는 것은 무엇이든 예리하게 알아보고 감탄했다. 그런 부처의 태도는 우리에게 유쾌한 절망의 기술을 가르쳐준다.

석가모니(釋迦牟尼)

본명은 고타마 싯다르타, 지금의 네팔 룸비니 인근 부유한 왕조에서 태어났다. 29세에 출가한 그는 고행과 수행을 거쳐 35세의 나이에 보리수 밑에서 열반에 이르러 '깨어난 사람', 즉 부처가 된다. 이후 45년 동안 각지를 떠돌며 설법을 멈추지 않고 계속하다 여든의 나이에 입멸했다.

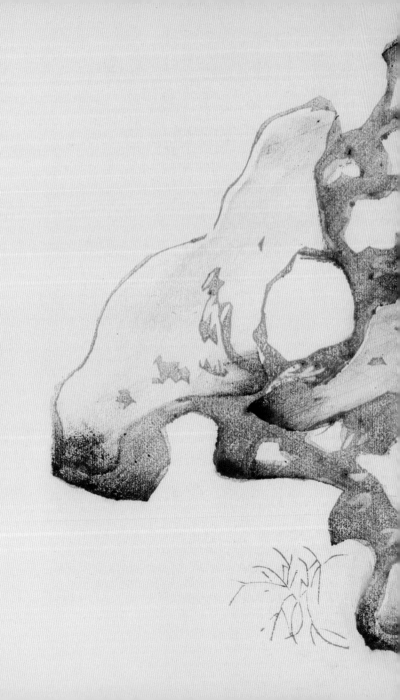

작고 하찮은 것에도 가치가 있을까?

중국 철학 _ 공석, 영혼의 돌

9세기 당나라 때 중국 철학자들 사이에서 돌에 열광하는 문화가 생겨났다. 그 열광의 바탕에는 돌이 지극히 평범한 동시에 대단히 아름답다는 생각이 깔려 있었다. 따라서 돌은 우리가 간과하기 쉽고 잊지 않으려 노력해야 하는 모든 것의 상징으로 여겨졌다.

돌의 진가를 알아보는 능력은 곧 뜻밖의 장소에서 가치를 발견할 준비가 되어 있는 밝은 정신을 가리켰다. 이상하게 생긴 돌을 좋아하는 석벽(石癖)의 일환으로, 커다랗고 풍화되었으며 형태가 불규칙한 암석에 부치는 시를 짓는 이들도 있었다. 또 어떤 철학자들은 자신의 돌을 형제나 벗이라 불렀는가 하면, 유난히 흥미로운 색, 질감, 무늬를 가진 돌을 찾아볼 수 있는 곳들 주위로 관광지가 형성되었다.

중요한 것은 돌 그 자체가 아니었다. 그보다는 돌을 발견하는 감수성과 상상력, 매혹될 줄 아는 태도에 강조점이 놓였다. 우리는 이와 비슷하게 세심하고 관대한 시선을 지금껏 눈여겨보지 않던 주변으로 돌려볼 수 있다. 그러면 구름이나 비, 길가에 자라는 잡초, 특별히 잘나지는 못해도 다정한 친구가 기쁨과 위안을 주는 존재로 다가올 것이다.

수석(壽石)

중국에서 관상용 자연석을 애호하는 기호와 문화는 무려 1,000년이 넘는 역사를 지닌다. 중국의 시인이자 관리였던 백거이가 쓴 〈태호석기(太湖石記)〉를 통해 중국 당나라 시대에 이러한 문화가 이미 있었음을 알 수 있다. 송나라 시대에 이르러서는 감상용 자연석을 '기석(奇石)', '공석(供石)' 등이라 불렀다.

마음의 안녕이 필요한 순간

선불교 _ 이케바나, 꽃꽂이

선불교의 특히 매력적인 측면 하나는 꽃꽂이를 권위 있는 철학 분야로 간주하고 권장한다는 것이다. 이케바나 공예에는 꽃의 위치와 길이, 개수에 관한 무섭도록 엄밀한 규칙이 있어서 일련의 규칙에 따라 꽃을 굉장히 조심스럽게 화기에 꽂아야 한다.

진정한 핵심은 자연의 그 소소한 조각들이 지닌 더없는 아름다움을 관조하며 시간을 보내는 것이다. 세속적인 야망을 품고 서둘러 만족을 얻으려는 사람은 꽃을 제대로 감상하기 어렵다. 꽃은 민망할 정도로 작고 하찮게 보일 수 있다. 하지만 인생을 얼마간 살아 보고 고통에 대한 불교의 가르침을 이해하고 나면 아마도 조금은 다르게 보이기 시작할 것이다.

이를테면 꽃은 더 이상 거센 운명을 잠시 잊게 하는 시시한 위안거리가 아니고, 더 이상 야망을 모욕하는 존재도 아니다. 이제 꽃은 기나긴 가시밭길 속 참된 기쁨으로 다가오고, 고민을 덮어 두고 자기비판이 가까이 다가오지 못하게 하라는 권유이자, 실망의 바다 가운데 희망의 작은 쉼터가 되어줄 것이다.

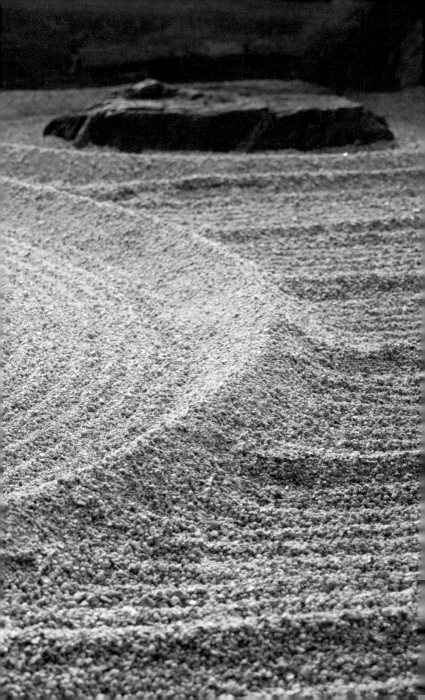

마음의 평화는 어떻게 찾을까?

선불교 _ 자갈 갈퀴질

중세 일본의 선불교 승려들은 교토 주변 사찰의 구성원들에게 마음의 평화를 얻을 방편 하나를 권고했다. 갈퀴를 사용하여 정원의 자갈밭을 정기적으로 긁는 것이었다. 사찰 정원은 저마다 구성과 경계가 복잡하게 이루어져 있었다. 승려들은 너른 마당 공간의 경계 안에서 저마다 일관성과 아름다움을 실현할 수 있었다.

쉽지는 않았다. 그들은 원과 소용돌이 모양을 활용해 야심 찬 패턴 만들기를 좋아했다. 그러나 결국에는 전부 뜯어고칠 수도 있었다. 우리는 (가령 정원, 책, 집이라는) 한정된 공간 안에서 무언가를 완벽하게 만드는 것을 목표로 삼을 수 있지만, 더 넓은 세상의 본성인 영원한 혼돈을 우아하게 받아들여야 한다.

자갈 정원을 바라보면 가슴이 저려 올 수 있다. 그것을 만드는 데 들어간 단련된 의지력을 알 수 있는 동시에 매서운 돌풍 한 번이면 혼돈 상태로 되돌아가고 말 정원의 취약성과 무상함이 느껴지기 때문이다. 갈퀴로 솜씨 있게 그려 낸 선들에는 이와 같은 선불교 철학이 응축되어 있다.

일본의 암석 정원 문화

15세기 일본에서는 새로운 유형의 암석 정원 문화가 발달한다. 관상용 돌을 물이나 모래를 담은 쟁반 위에 올려 감상했고, 승려들에게 사찰 정원의 자갈을 세심하고 정밀하게 갈퀴질하여 동심원이나 잔물결의 패턴으로 그리도록 독려했다.

종잡을 수 없는 마음을 다스리는 법

동양 철학 _ 붓글씨

서양 철학은 글이 종이에 표현되는 방식에 특별히 관심을 기울인 적이 없다. 그와 달리 동양 철학에서는 생활 공간이나 공공장소에 거는 커다란 두루마리 위로 복잡한 중국 서법에 따라 손으로 우아하게 글을 쓰는 것이 사상을 잘 전달하는 데 필수로 여겨졌다.

철학자들은 노자의 『도덕경』이나 공자의 『논어』에 나오는 핵심 문장을 쓰는 법을 수년에 걸쳐 연습하기도 했다. 가령 어짊을 뜻하는 유교 철학의 기본 개념인 '인(仁)' 한 글자만 쓴 족자가 방의 주된 장식품이 될 수도 있다. 철학을 담아낸 아름다운 서예 작품을 고요히 감상함으로써 작품에 묘사된 덕목이 어떤 특별한 힘을 발휘해 보는 사람의 영혼에 스며들기를 바랐던 것이다.

감상자는 글씨의 강직함, 여유, 흐름 같은 속성을 자기 것으로 취할 수도 있다. 여기에는 표준적인 형태의 글만으로는 충분하지 않다는 견해가 내포돼 있다. 즉 우리는 대단히 노련한 인간의 손이 만든 글자들을 볼 필요가 있으며, 그래야만 그 내용이 우리의 변덕스럽고 종잡을 수 없는 마음에 확실히 박힌다는 의미다.

3장

관계에서 중심을 잡는 법

사랑은 하나의 모양일까?

아리스토텔레스 _ 에로스와 필리아

그리스 철학은 사랑이 한 가지가 아니라 세심하게 구별
해야 할 여러 다른 감정과 태도의 묶음이라는 것을 아주
일찌감치 깨달았다. 사랑에는 다양한 종류가 있고 각각
에 해당하는 단어가 존재한다. 덕분에 우리는 그저 다른
종류의 사랑, 다르지만 여전히 진정으로 실재하는 사랑
의 단계로 옮겨 갔을 때 더 이상 '사랑하는' 것이 아니라
고 단순하게 생각하는 위험을 피할 수 있다.

그리스인은 우리가 연애를 시작할 때 흔히 경험하는 강
렬한 육체적 감정에 '에로스(eros)'라는 단어를 배정했다.
이 성적인 강렬함은 거의 예외 없이 차츰 사그라지는데,
그것이 꼭 사랑이 끝났다는 의미가 아님을 그들은 알고
있었다. 그것은 또 다른 종류의 사랑으로 진화할 수 있

고, 그들은 이 사랑을 '필리아(philia)'라는 단어로 절묘하게 포착했다. 보통 '우애'로 번역되지만 그리스어 필리아는 훨씬 더 따스하고 충실하고 뭉클한 어떤 것을 의미한다.

누군가는 필리아를 위해 기꺼이 죽을 수도 있다. 아리스토텔레스에 따르면 우리는 나이가 들면 젊은 시절의 에로스에서 벗어나는 대신 필리아를 관계, 특히 부부 관계의 바탕으로 삼아야 한다. 필리아는 실현 가능한 유대의 의미에 중요한 뉘앙스를 더해 사랑에 대한 이해를 넓힌다. 이 단어는 우리가 흔히 사용하는 무딘 어휘로 알아채지 못하는 단계에 진입하고 나서도 여전히 사랑할 수 있다는 사실을 깨우쳐준다.

아가페(agapē)

고대 그리스인들은 에로스와 필리아 이외에 사랑을 뜻하는 단어로 '아가페'도 사용했다. 흔히 '자비로운 사랑'으로 번역되는 아가페를 통해 그리스인들은 사랑이 동정과 자비이기도 하다는 사실을 이해했다.

다른 사람 앞에 서면 왜 주눅 들까?

미셸 드 몽테뉴 _

"왕과 철학자도 똥을 누고,

귀부인도 마찬가지다"

16세기 프랑스 철학자 미셸 드 몽테뉴의 글에 등장하는
이 직설적인 경구는 상스러운 말이 아니다. 오히려 다정
한 조언에 가깝다. 몽테뉴는 우리 삶과는 아주 멀고 대단
해 보이는 사람들을 좀 더 친근하게 생각하고 그들 앞에
서 주눅 들지 않기를 바라는 마음에서 위와 같이 썼다.
그리고 몰래 이렇게 덧붙였을 수도 있다. 그 사람들 역시
자격지심을 느끼고, 거절당할까 두려워하며, 성생활을
엉망으로 만들기도 한다고 말이다.

지금은 CEO나 기업가, 공부를 매우 잘했던 대학 동기 등
으로 대상을 바꿔서 생각해 볼 수 있겠다. 몽테뉴는 우리
자신과 훌륭한 타인의 차이를 지나치게 크게 느끼는 데
서 오는 자신감 부족과 소심함으로부터 우리를 해방시키

고자 했다. 중요한 발표나 무척 기대하는 데이트를 앞두고 두려움이 엄습할 때면 몽테뉴의 경구를 떠올리며 화끈거리고 자신감 없는 마음을 다스려 보자. 그리고 겉보기에 아무리 침착하고 태연한 사람이라도 언제든 지극히 평범하고 취약한 상태가 될 수 있음을 상기하도록 하자.

미셸 드 몽테뉴(Michel de Montaigne, 1533~1592)
프랑스의 법관이자 작가, 철학가. 법관으로 일하던 그는 친구와 가족을 연이어 잃고 본인마저 사고를 당하자 1570년 서른일곱 살의 나이에 은퇴를 선언한다. 이후 거주지에 칩거한 채 죽기 전까지 흔히 '수상록'이라는 이름으로 알려진 생애 마지막 작품 『에세』를 집필했다.

왜 자꾸 남 일에 관심이 갈까?

블레즈 파스칼 _

"인간의 모든 불행은

방 안에 혼자 가만히 있지 못하는 데서 나온다"

17세기 프랑스 철학자 블레즈 파스칼의 이 주장은 당연히 문자 그대로 사실이 아니다. 모든 철학적 명언이 그렇듯 여기에도 어떤 중요한 생각을 의도적으로 과장함으로써 일반적인 통찰을 단적으로 전달하려는 의도가 숨어 있다. 우리는 '방'에서 나가고 싶고 신나는 일을 갈망하지만 그 결과는 좋지 못한 경우가 많다. 남의 인생에 괜히 참견했다가 아무런 도움이 되지 못하는가 하면, 유명해지고 싶어 했다가 뭇사람의 오해만 사고 만다.

'혼자 가만히 있기'는 말 그대로 침대에 가만 걸터앉아 있는다는 뜻이 아니라 자신에게 집중하는 시간을 가진다는 의미다. 말하자면 작은 기쁨에 감사하고, 자기 내면을 살피며, 마음속에 조용히 침잠해 있는 부분이 떠오르게

하고, 행동하기 전에 생각하는 것이다.

우리는 큰 목소리들이 이와 반대 방향으로 쉼 없이 떠드는 문화 속에 살고 있기에 이 경구가 더욱 통렬하게 다가온다. 그 목소리들은 더 자주 밖에 나가라고, 더 흥분하고, 극적인 경험을 더 많이 좇고, 저 높이 흘러가는 창밖의 구름을 바라보며 골똘히 상념에 잠기는 시간 같은 건 줄이라고 채근한다. 우리는 파스칼의 격려에 힘입어 자신과 좀 더 친해지는 법을 배워야 한다.

블레즈 파스칼(Blaise Pascal, 1623~1662)

프랑스의 수학자이자 신학자, 철학자. 유년 시절 이미 수학 신동으로 불렸던 그는 10대 때 이미 '파스칼의 삼각형'을 발견하고 '파스칼의 정리'를 증명했다. 계산기의 원형을 발명한 것도 파스칼이었다. 건강이 좋지 않았던 말년에는 신학 공부에 몰두하였으며, 그의 유고집 『팡세』 역시 이때 쓰인 작품이다.

작아지는 느낌이 나쁘기만 할까?

에드먼드 버크 _ 숭고

숭고라는 개념은 계산이나 이해를 뛰어넘는 광막한 (공간, 시대, 시간의) 경험을 가리킨다. 이를테면 바다, 빙하, 비행기에서 본 지구, 별이 총총한 하늘을 보며 느낄 법한 경외감이다.

숭고를 가장 탁월하게 정의한 초기 진술은 1757년에 출간된 에드먼드 버크의 저작 『숭고와 아름다움의 관념의 기원에 대한 철학적 탐구』에 나온다. 버크는 숭고한 것 앞에서 우리는 속절없이 작은 존재임을 느끼게 된다고 역설했다.

살면서 우리가 작아짐을 느끼는 경우는 대부분 굴욕을 경험할 때다(예컨대 직업상 적이나 웨이터에게 창피를 당했을 때 우리는 움츠러든다). 그러나 숭고한 대상 앞에서 작아지는 느낌은 정신적 고양과 심오한 구원의 효과를 갖는다. 웅대한 전체 배열 속에서 우리는 우리의 존재가 완전히 무화되고 하찮아지는 느낌을 받으며, 그리하여 야망과 욕망의 무게로 인한 압박감을 덜게 된다. 숭고한 것은 우리 각자의 걱정이 다행히도 무의미해 보이는 시각을 선사해준다.

에드먼드 버크(Edmund Burke, 1729~1797)
더블린에서 태어난 영국 국적의 철학자. 버크는 약간의 굴욕감을 주는 숭고함의 숨겨진 가치에 천착했다. 그는 영국 휘그당 소속의 정치인이기도 했다. 프랑스 대혁명처럼 급진적인 변화보다 의회 중심의 점진적인 변화를 추구한 버크는 보수주의의 기틀을 다진 인물로도 평가받는다.

타인을 어떻게 이해할까?

유교 _ 충

충(忠)은 유교의 핵심 개념이다. 공자가 충을 강조한 것은 사람을 도구처럼 이용하다가 쓸모없어지면 곧바로 버리는 것이 얼마나 유혹적인지 잘 알았기 때문이기도 하다. 충이라는 덕목을 실천하면 사람의 존경스럽지 못한 면모를 훨씬 더 너그럽게 해석하게 된다. 누군가 더 이상 잘해 주지 않고 까다롭거나 지겹게 군다면, 그 사람이 악해서가 아니라 무언가 괴롭거나 아프거나 불안해서라고 상상해 보아야 한다.

충직한 사람은 타인이 잘못을 저질렀을 때 참작할 만한 정황을 고려하고 설명하는 사람이다. 충이란 곧 타인이 어떤 사람인지 그림을 그려 보는 것이다. 그림 속 인물이 그저 고약하거나 광포하거나 역겹기만 하지는 않을 것이다. 공자는 충의 필요성이 꼭 일방적인 것만이 아니라고 일깨웠다. 우리 모두는 특히 나이가 듦에 따라 타인의 충심을 절실히 필요로 하기 마련이다.

선한 사람이 될 수 있을까?

유교 _ 오상

현대 문화가 신체 단련에 중점을 둔다면, 공자는 도덕적 단련의 중요성을 강조했다. 어딘가 낯설게 들리는 이 말은 우리 문화에서 윤리적 발달의 추구가 얼마나 간과되는지 상기시킨다.

유교에서는 우리를 선하게 만드는 핵심 덕목 다섯 가지(오상, 五常)를 꼽았다. 어짊(인, 仁), 의로움(의, 義), 예의 바름(예, 禮), 지혜로움(지, 智), 믿음직함(신, 信)이 그것이다. 무엇보다 중요한 것은 평생에 걸쳐 이 오상을 갈고닦아야 한다는 점이다. 공자는 제자들에게 이렇게 말했다. "나는 열다섯 살에 학문에 뜻을 두었고, 서른에 자립했으며, 마흔에는 미혹되지 않았고, 쉰에 하늘의 뜻을 알았으며, 예순에 어떤 일이든 들으면 곧 그 이치를 이해했고,

일흔에는 마음이 원하는 대로 해도 법도에 어긋남이 없었다." 요컨대 선을 위한 수련은 그만큼 많은 시간이 걸린다는 의미다.

공자가 노인을 존경했음은 지극히 당연하다. 노인은 피부에 탄력이 없고 얼굴이 매력적이지는 않을지 모르지만, 공자에 따르면 경험이 덜한 젊은이에 비해 덕을 쌓는 법을 터득했을 가능성이 더 높기 때문이다.

오상

유교의 오상은 오랜 시간을 거쳐 다져진 사상이다. 공자는 『논어』에서 군자의 덕목으로 '인', '지', '용' 세 가지를 꼽았다. 맹자는 여기에 '의'를 추가하여 사덕(四德)을 정했다. 이후 중국 한나라 시대 유학자 동중서가 오행설에 입각해 군자가 갖추어야 할 덕목으로 '신'을 더하면서 오상의 기틀을 마련한다.

감정은 고정불변한 것일까?

불교 _ 자애

인도 팔리어 '메타(mettā)'는 자애 또는 친절, 다정을 의미한다. 자애는 불교의 가장 중요한 사상 중 하나다. 불교는 자애의 마음을 기르기 위한 일상적 의례로 명상을 권장한다. '자애 명상(mettā bhāvāna)'으로 알려진 이 명상은 거슬리는 사람 혹은 공격적이거나 차갑게 대하게 되는 사람을 매일 아침 곰곰이 생각하는 것으로 시작한다. 그리고 평소의 적대감을 접어 두고 "부디 평안을 얻기를 기원합니다", "부디 고통에서 벗어나기를 바랍니다" 같은 정다운 문구를 왼다.

이러한 연습은 바깥을 향해 뻗어 나가 궁극적으로는 세상 거의 모든 존재에 적용될 수 있다. 여기에는 우리가 사람에게 느끼는 감정은 고정되어 바꿀 수 없는 것이 아니라, 적절한 자극을 통해 의도적인 변화와 개선이 가능하다는 가정이 전제되어 있다. 연민은 배워 익힐 수 있는 기술이다. 우리는 사랑하는 사람 못지않게 무시하고 싶고 싫은 사람에게도 그러한 마음을 베풀 필요가 있다.

내 노력은 누가 알아줄까?

불교 _ 관음

관음(관세음보살)은 동아시아 불교의 여성 성자로 자비, 연민, 친절과 밀접히 결부되어 있다. 불교에서 관음은 가톨릭교에서 성모 마리아와 유사한 위치를 점한다. 중국 곳곳에는 관음을 모시는 불당과 사찰이 있으며 하이난성에 있는 관음상은 무려 108미터의 높이를 자랑한다.

관음의 대중성은 어린 시절의 욕구가 우리 안에서 어느 만큼 지속되는지를 말해준다. 그는 가장 고결한 의미에서 '엄마'와 같다. 중국 전역에서 어른들은 관음 앞에서 약한 존재가 되고 만다. 관음의 눈길은 사람을 울리는 습성이 있다. 사람은 힘들 때보다 오히려 온정을 마주하는 순간에, 그리하여 너무나 오랜 세월 말없이 품어 온 슬픔을 인정할 기회를 마침내 만나는 순간에 감정이 북받쳐

무너지게 된다.

관음은 판단하지 않는다. 그저 당신이 지쳤다는 것, 배신당했다는 것, 사는 게 녹록지 않다는 것, 신물이 난다는 것을 이해할 뿐이다. 어른다운 삶을 근근이라도 살아가려는 노력에 따르는 어려움을 그는 잘 알고 있다.

관세음보살(觀世音菩薩)

중생이 그 이름만 부르면 즉시 나타나 자비심을 베풀어 중생을 구제하는 보살. 관자재보살 또는 관음보살이라고도 부른다. 보통 구슬이나 옥 등으로 만든 천관을 쓰고 있다. 좌우로 20쌍의 손이 있고 손바닥마다 눈이 달린 천수관음, 머리에 11개의 얼굴이 표현된 십일면관음 등 다양한 모습으로 표현되기도 한다.

순응은 실패의 다른 말일까?

도교 _ 무위, 애쓰지 않기

'무위(無爲)'는 도가 철학의 핵심이다. 기원전 6세기에 노자가 지은 『도덕경』에서 처음 언급된 용어로 '애쓰지 않는 것' 또는 흘러가는 대로 두는 것을 의미하지만 게으름이나 나태를 함축하지는 않는다. 무위는 의도적으로 의지를 내려놓는 것을 뜻하며, 현실의 요구에 반발하기보다 때에 따라서는 응할 필요가 있음을 지혜롭게 인정하는 것을 전제로 한다.

노자에 따르면 지혜롭다는 말은 때때로 "우주 만물의 순리를 따라야" 한다는 사실을 깨달았다는 의미다. 이성을 가진 우리는 이상과 현실이 꼼짝없이 충돌할 때가 언제인지 판단할 수 있고, 따라서 불가피한 일이라면 분노하거나 씁쓸해하기보다 기꺼이 항복한다. 어떤 일들은 우리 힘으로 바꾸는 것이 도무지 역부족이겠지만, 그런 일을 대하는 태도만큼은 자유롭게 선택할 수 있다는 것이 노자의 관점이다. 도교 신자에게서 볼 수 있는 특유의 평온함과 자유로움은 정말로 필연적인 것을 거역하지 않고 받아들이는 태도에서 나온다.

도덕경(道德經)

노자의 저서로 알려진 책. 상편 37장, 하편 44장 총 81장이며 여러 판본으로 전해진다. 노자 한 사람이 지었다는 주장과 오랜 시간 여러 사람의 손을 거쳐 완성되었다는 주장이 있다. 『도덕경』의 핵심은 무위자연(無爲自然) 사상으로 모든 거짓과 인위적인 굴레에서 벗어나 자연과 합일되어야 한다는 것이다.

유연한 태도를 가질 수 있을까?

도교 _ 물의 지혜

물처럼 어디에나 있는 존재를 철학적 대상으로 격상한다는 것이 이상하게 들릴지도 모르지만, 도교에서 물은 아주 중요한 지혜의 스승이다. 물은 도가 사상의 본질을 잘 담아내는바 우리는 물을 고찰하고 영감을 얻을 필요가 있다. 많은 도교 사원과 성지가 개울 가까이에 위치하거나 마당에 샘을 두는 이유도 바로 그 때문이다.

물의 특질은 유연함에 있다. 물은 방해물을 만나도 문제없다는 듯 돌아서 흐르고, 이미 존재하는 모든 것의 윤곽에 우아하게 순응한다. 하지만 그럼에도 돌을 깎아 낼 만큼 충분히 강하다(그러기 위해서는 오랜 세월이 걸린다는 점이 핵심이다).

우리 모두가 물처럼 되고자 노력해야 한다고 노자는 말한다. 물과 반대로 우리는 불쾌한 것을 맞닥뜨리면 마치 공성 망치처럼 돌진하며 당장 바꾸려 드는 일이 다반사다. 받아들이지 못하고 흥분해서 반발하다가 이내 평정과 힘을 잃고 만다. 특히 마음에 들지 않는 권력자, 힘들게 하는 가족 구성원, 까다로운 행정 업무 따위에 그렇게 대응한다.

우리는 노자의 본보기를 마음에 새기며 화강암을 서서히 닳게 하는 물줄기처럼 장기적인 야망과 능숙한 인내력을 길러야 할 것이다.

노자(老子)

기원전 6세기 무렵, 공자와 동시대를 살았던 인물. 그의 생몰년은 정확하지 않으며 그의 삶 역시 후세에 신화적으로 각색된 부분이 더러 있다. 그의 저작으로는 『도덕경』이 대표적으로 알려져 있다. 『도덕경』은 '노자' 또는 '노자도덕경'이라는 이름으로도 불린다. 그의 사상과 『도덕경』은 이후 도교 형성과 발전에 커다란 영향을 끼친다.

4장

복잡한 세상을 이해하는 법

과연 민주주의가 최선일까?

플라톤 _ 민주주의

민주주의는 아름다운 개념이다. 민주주의에서는 소득이
나 교육 수준에 관계없이 모두가 동등한 투표권을 가지
며, 민주주의에 반대하는 발언은 무엇이든 악으로 느껴
진다. 그러나 민주주의는 분명 불합리한 구석이 있으며,
그리스 철학자들은 그 사실을 알았다.

플라톤은 『국가』에서 이를 가장 명확히 드러냈다. 모든
사람이 동일하게 통찰력 있는 견해를 가지는 건 불가능
하다. 민주적 표결은 마치 배의 선장이 다가오는 폭풍을
헤쳐 나가기 위한 최선의 항로를 승객 하나하나와 상의
해서 결정하는 것과 같다.

그럼에도 우리는 여러 훌륭한 이유로 이처럼 문제 있는

정치 체제에 충성한다. 플라톤에 따르면 해결책은 강도 높은 보편 교육을 통해 모두의 지혜를 함양하는 것이다. 모두가 생각하는 법을 깨칠 때까지는 모두에게 투표권을 허락할 수 없다. 그때까지 우리는 종잡을 수 없는 수많은 선택을 마주하며 우리가 처한 곤경의 본질적 희비극에 웃어야 한다.

우리는 고대 그리스 철학자들 모두가 민주주의를 애호했다고 잘못 생각하지만, 그들은 발생할 수 있는 여러 문제를 분명하게 꿰뚫어 보고 있었다. 심지어 그들은 민주주의에서 고귀한 이성보다 열등한 정념에 호소해 표를 쓸어 담고 권력을 장악하는 정치 지도자를 일컫기 위해 '데마고그(demagogue)'라는 단어를 고안하기도 했다.

플라톤(Platon, B.C.428?~B.C.347?)
소크라테스의 제자로 고대 아테네에 일종의 철학 학교라 할 수 있는 아카데메이아를 설립했다. 직접 집필한 저서가 없는 소크라테스와는 달리 많은 저서를 남겼다. 대부분의 저서에서 소크라테스가 주인공으로 등장하고, 다른 인물과 대화하는 희곡 형식을 취하는 것이 특징이다.

세상은 왜 혼란스러울까?

성 아우구스티누스 _ 원죄

거대한 로마 제국이 무너져 가던 4세기 후반에 당대 최고의 철학자 성 아우구스티누스는 인간 세상의 비극적인 무질서를 설명할 방법을 찾고 싶었다. 그리하여 발전시킨 핵심 개념 한 가지가 바로 원죄다. 그가 라틴어로 '페카툼 오리지날레(peccatum originale)'라고 명명한 이 개념은 후에 아주 유명해졌다.

아우구스티누스의 원죄설에 따르면 인간의 본성은 본질적으로 손상되고 더럽혀져 있다. 그 이유는 에덴동산에서 인류의 어머니 하와가 하느님의 명령을 어기고 선악과 나무의 열매를 먹어 죄를 지었기 때문이다. 하와가 지은 죄는 후손들에게 대물림되어, 이제 세속의 인간이 하는 모든 노력은 타락하고 불완전한 정신의 산물이므로 실패할 수밖에 없다.

이 독특한 생각은 물론 문자 그대로 사실은 아닐 것이다. 그렇지만 세상이 혼란스러운 이유에 대한 은유로서는 묘하게 매력적인 시적 진실을 담고 있어서 신자는 물론이고 무신론자에게도 의미가 있다. 아우구스티누스는 인류에게 지나친 기대를 해서는 안 된다고 넌지시 말한다. 우리는 태초부터 다소간 불행해질 운명이었다. 어쩌면 이것이야말로 마음에 새겨야 할 구원관일지도 모른다.

성 아우구스티누스(St. Augustine, 354~430)
로마의 신학자이자 철학자. 35년 동안 성직자로서 교육받지 못하거나 가난한 신도를 위해 일했다. 대표 저서로는 자서전의 일종으로 '참회록'이라고도 불리는 『고백록』, 그리고 인간의 도시와 신의 도시를 구분하고 그의 원죄론을 엿볼 수 있는 『하나님의 도성』이 있다. 후자는 '신국론'으로도 불린다.

결국에는 악인이 승리하는 이유

니콜로 마키아벨리 _ 마키아벨리즘

니콜로 마키아벨리는 16세기 피렌체의 정치 철학자로서 악한 자가 대개 승리한다는 불편한 견해를 중심으로 자신의 사상을 전개했다. 악인이 이기는 이유는 선인보다 훨씬 유리하기 때문이다. 악인은 자신의 목적을 밀고 나가기 위해 더없이 사악한 재간과 간교한 술수를 마다하지 않는다.

마키아벨리의 목표는 잘 알려져 있다시피『군주론』에 제시된바, 선인에게 악인과 같은 강한 결단력을 가지고 행동하도록 가르치는 것이었다. 그에 따르면 훌륭한 군주(오늘날 우리는 여기에 CEO, 정치 활동가, 사상가 등을 대입해볼 수 있다)는 가장 교활하고 부도덕한 수완가들이 주는 모든 교훈을 배워야 한다. 가령 겁주고 위협하는 법, 감언

이설로 상대를 속이고 괴롭히는 법, 덫에 가두고 구슬리는 법을 알아야만 한다는 것이다.

우리가 지혜로움, 친절함, 진지함, 선함을 추구한다면 지혜롭고 친절하고 진지하고 선하게만 행동해서는 아무 소용이 없다. 때로는 마키아벨리적 방식으로 행동해야 할 수도 있다. 우리의 본성이 악해서가 아니라, 험난한 세상에서 무엇이라도 되게 하려면 얼마 동안은 피도 눈물도 없는 악인의 집념으로 밀어붙일 필요가 있기 때문이다.

니콜로 마키아벨리(Niccoló Machiavelli, 1469~1527)
피렌체 공화국의 철학자. 동시대 기독교인들이 좋은 지도자가 되는 법과 좋은 교인이 되는 법을 동일하게 여기며 지도자가 평화롭고 관대해야 한다고 주장할 때, 마키아벨리는 '폭군'에게서도 배울 점이 있다고 주장하며 자신의 정치 철학을 담은 『군주론』을 집필했다. 『군주론』은 메디치 가문에 제공할 목적으로 1513년 작성되었고, 마키아벨리가 사망하고 5년이 지난 1532년 출판된다.

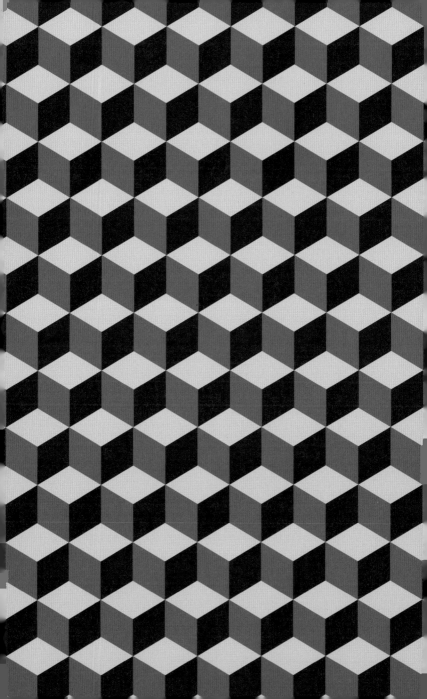

사회는 계속 발전할까?

게오르크 빌헬름 프리드리히 헤겔 _ 역사 변증법

독일 철학자 게오르크 빌헬름 프리드리히 헤겔은 1837
년에 출판된 『역사철학강의』에서 역사는 변증법적으로
나아간다고 말했다. 변증법이란 정립, 반정립, 종합의 세
부분으로 이루어진 논증을 가리키는 철학 용어다. 정과
반 모두 진리를 일부 담고 있지만 그 진리는 과장되거나
왜곡되어 있어서 충돌과 상호 작용을 일으킬 수밖에 없
고, 이 과정은 최선의 요소들이 타결점을 찾아 합에 이
를 때까지 계속된다.

헤겔에 따르면 세상은 한 극단에서 다른 극단으로 휘청
거리며 나아감으로써 비로소 진보한다. 어떤 문제든 적
절한 균형을 찾을 수 있을 때까지 일반적으로 세 단계의
이행을 필요로 한다. 생각해 보면 대체로 올바른 방향을

향해 움직이는 사건은 거센 과잉 반응과 얼마든지 양립 가능하다는 사실을 알 수 있다. 역사의 어두운 순간은 끝이 아니라 반정립의 한 부분, 즉 힘겹지만 (어떤 면에서는) 필요한 부분으로서 종국에는 좀 더 지혜로운 종합의 지점을 찾아갈 것이다. 그러니 우리는 헤겔을 기억하며 세상만사의 비틀거리는 흐름을 인내하려 노력해야 한다.

게오르크 빌헬름 프리드리히 헤겔(Georg Wilhelm Friedrich Hegel, 1770~1831)

독일 슈투트가르트에서 태어난 프로이센의 철학자. 헤겔이 사망한 이후 그가 1822년부터 1831년 사이 베를린 대학에서 수업하면서 사용한 강의 노트와 제자들의 강의록을 엮어 출판한 책이 바로 『역사철학강의』다. 헤겔은 이 책에서 인류의 진보가 순탄할 수 없는 이유를 설명하면서도, 그럼에도 불구하고 역사는 계속 진보한다고 확신했다.

사회 발전에 신이 반드시 필요할까?

프리드리히 니체 _ "신은 죽었다"

서양사에서 세속 시대의 도래를 알리는 이 전설적인 프리드리히 니체의 진술은 1882년 저서 『즐거운 학문』에 등장한다. 의기양양한 선언처럼 들릴 수도 있지만 니체의 의도는 그렇지 않았다. 그는 신의 죽음이 인간에게 몹시 힘든 일이 되리라 생각했다. 또한 절정기에 종교가 고취한 여러 미덕을 우리가 너무 성급하게 거부해 버리지는 않을까 우려했다.

니체는 공동체, 자선, 연민의 강조가 상실되고 경외감이 쇠퇴하리라 예측했다. 그리고 그가 생각하기에 신뢰할 수 없는 의미의 원천 두 가지, 즉 낭만적 사랑과 직업적 성공에 대한 믿음이 생겨나리라고 전망했다. 니체의 바람은 종교를 아예 없애 버리는 게 아니었다. 그는 예술과

음악과 철학에 기반을 둔 더 나은 종류의 종교가 기존의 종교를 대신할 것이며 스토아 철학자들과 몽테뉴, 괴테, 바그너가 새로운 신앙의 영웅이 될 것으로 기대했다.

니체에 따르면 신은 죽었는지도 모른다. 하지만 인류가 애초에 신을 왜 발명했는지 기억하고 그중 얼마큼의 이유가 여전히 남아 있는지 인식한다면, 우리는 결국 신 없이도 좋은 세상을 창조해 낼 것이다.

프리드리히 니체(Friedrich Nietzsche, 1844~1900)

독일 동부의 조용한 마을에서 태어난 철학자이자 문헌학자. 스위스 바젤 대학교에서 부임한 후 프로이센 시민권을 포기하면서 무국적자가 된다. 기존의 관습과 전통을 깨고 새로운 가치를 확립하고자 한 니체는 '망치를 든 철학자'라는 별명으로 불리기도 한다. 『비극의 탄생』(1872), 『차라투스트라는 이렇게 말했다』(1883), 『선악의 저편』(1886), 『도덕의 계보』(1887) 등 다수의 저서를 집필했다.

우리는 무엇을 위해 일할까?

애덤 스미스 _ 국부론

1776년 애덤 스미스가 펴낸 『국부론』은 아마 가장 영향력 있는 18세기 철학서일 것이다. 이 책에서 스미스는 국가가 생산력을 어떻게 높이는지 보여주고자 했다. 그에 따르면 핵심은 '분업'에 있다. 노동자가 제너럴리스트를 그만두고 스페셜리스트가 되면 국가 전체의 생산량이 기하급수적으로 증가한다.

스미스가 잘 알고 있었듯 전문화는 경제적인 관점에서 지극히 타당하지만 개인의 깊은 슬픔을 야기할 수 있다. 그의 후계자인 우리는 모두 거대한 기계를 구성하는 아주 작은 톱니가 되어 전체의 목적을 보지 못하는 채 하루하루를 살아가기 쉽다. 무엇을 '위해' 일하는지 모르겠다는 생각은 지독히도 흔한 회의감이다. 분명 목적이 있을

테지만, 그 목적이 노동자 개인에게 전혀 와닿지 않는다는 사실을 스미스는 인지했다.

그는 자신의 일이 무의미하다는 느낌을 극복하기 위해 스토리텔링 기술을 익힐 것을 제안했다. 전문적인 일에 종사하는 개별 노동자가 (오늘날은 한층 더 식별하기 힘들어진) 거대한 서사에 기여하는 부분은 미미해 보인다. 하지만 스토리텔링을 통해 숨겨진 장엄함을 밝혀낼 수 있다고 보았다.

애덤 스미스(Adam Smith, 1723~1790)

스코틀랜드에서 태어난 영국의 경제학자이자 철학자. 대학교에서는 논리학과 윤리학을 가르쳤다. 『도덕감정론』(1759)을 발표하여 큰 명성을 얻었으며, 이후 2년 간 유럽 대륙을 여행하고 '보이지 않는 손(Invisible hand)'이 언급되는 『국부론』(1776)을 집필해 출간한다. 애덤 스미스는 이 책을 통해 경제학이라는 새로운 학문의 장을 열었다고 평가받는다.

성공하는 방법은 한 가지뿐일까?

장폴 사르트르 _ 나쁜 믿음

우리는 우리가 자유로우며 삶을 변화시킬 선택권을 가진
다는 사실을 종종 부인한다. 20세기 프랑스 철학자 장폴
사르트르는 이에 '나쁜 믿음'(원어 'mauvaise foi'를 직역한
말이며 '자기기만'으로 번역되기도 한다―옮긴이)이라는 용
어를 붙였다. 변화는 어렵기에 우리는 무엇이 어떠해야
한다고 스스로 되뇌는 경향이 있다. 가령 특정한 일을 하
고, 특정한 사람과 함께 살아야 하며, 특정한 장소에 보
금자리를 꾸려야 한다고 말이다.

사르트르는 기혼자와 회사원이 특히 이 '나쁜 믿음'을 가
지고 살기 쉽다고 생각했다. 그들은 까탈스러운 배우자나
판에 박힌 사무직을 견뎌야 한다고 스스로에게 최면을 건
다. 하지만 사실은 언제든지 자유롭게 벗어날 수 있다.

사르트르가 의미한 자유의 실현은 일부 미국식 자기 계발서에서 발견되는 관념과 다르다. 다시 말해, 우리에게는 고통이나 희생 없이 위대한 존재가 될 자유 혹은 크든 작든 위대한 일을 할 자유가 있다는 생각과 혼동하면 안 된다.

사르트르의 사상은 그보다 훨씬 더 음울하고 비극적이다. 그는 단지 우리에게는 우리가 흔히 생각하는 것보다 더 많은 선택지가 있음을 지적하고자 했을 따름이다. 경우에 따라서는 부랑자가 되어 무일푼으로 지상의 열린 길들을 떠도는 삶, 추방당했지만 해방된 삶이 최고의 선택이 될 수도 있는 것이다(그리고 사르트르는 이 선택을 강력히 옹호했다).

장폴 사르트르(Jean-Paul Sartre, 1905~1980)

프랑스의 작가이자 철학자. 마르틴 하이데거의 영향을 받은 사르트르는 『실존주의는 휴머니즘이다』(1946) 등을 출간하며 프랑스에서 실존주의의 전성기를 이끌었다. 그는 '나쁜 믿음'이 언급된 『존재와 무』(1943)와 같은 철학서뿐 아니라, 『구토』(1938), 『말』(1964) 등 소설과 『닫힌 방』(1944)과 같은 희곡도 다수 집필했다.

사람의 반응은 왜 제각각일까?

공자, 부처, 노자 _ 삼산도

삼산도(三酸圖)는 동양화가들이 수 세기 동안 즐겨 그린 그림으로, 동양 철학의 세 시조인 공자, 부처, 노자가 둘러서서 식초를 맛보고는 제각기 독특한 반응을 보이는 모습을 묘사한다.

전통과 윗사람에 대한 공경을 중시하는 공자는 식초를 고상한 '조상'인 발효주의 끔찍한 '후손'이라고 본다. 선대가 으레 후대보다 우월하다는 그의 생각이 반영된 시각이다. 한편 부처는 식초 맛이 싫어 애석해하며 꺼린다. 부처의 관점에서 세상은 쓰디쓴 눈물의 골짜기이고 최대한 멀리해야만 구원에 이를 수 있다. 마지막 인물인 도가의 창시자 노자는 흡족해한다. 식초의 맛이 딱히 마음에 들어서가 아니다. 노자는 언제나 모든 존재를 자애로운 호

기심으로 맞아들이는 까닭이다.

세상을 대하는 세 가지 태도가 한 폭의 그림 속에 담겨
있는 셈이다. 그림을 보고서 어느 하나를 택할 의무는 없
다. 그저 각 입장의 독특한 지혜를 선택적으로 받아들여
경험하면 그만이다.

도시에서 벗어나고 싶은 순간

동양 철학 _ 은사, 숨어 사는 선비

아시아의 여러 위대한 철학자는 은둔자로 살았다. 산골의 간소한 오두막에서 돈도 명예도 별로 없이, 도시의 번잡함과 멀리 떨어져 지냈다. 그런 이들을 '은사(隱士)'라고 불렀다. 은사는 그저 조용히 사는 사람이 아니라 그런 삶을 통해 내면을 풍요롭고 고결하게 닦은 사람을 지칭한다.

사람들과 떨어져 있으면 우리는 더 깊은 사유와 함께 사회적 타협에서 해방된 사고방식을 다시 익힐 기회를 맞는다. 남들이 정상으로 간주하는 것을 끊임없이 의식할 필요가 없으니 창의성과 독창성을 마음껏 발휘할 수 있다.

예로부터 은둔 생활이라 하면 인적이 드문 초야에 작은

집을 얻어서 사는 것으로 여겨졌으나, 4세기에 도연명은 "사람 사는 곳에 오두막 지었거늘"이라는 문장으로 시작하는 시를 썼다. 한때 벼슬살이를 했던 그는 압박감을 주는 관직을 벗어날 기회가 없었다.

현대인이 복잡한 도시를 탈출하는 선택을 내리기는 어려울 수도 있다. 하지만 자기 내면으로의 도피는 얼마든지 가능하다(그리고 자주 그렇게 해야 한다). 우리에게 진짜 오두막은 필요하지 않을지 모른다. 그저 마음속의 오두막 한 채면 충분하다.

도연명(陶淵明, 365~427)

중국 동진 시대부터 송나라 시대까지 살았던 시인. 젊어서는 지방 관리로 일했으나 사직한 이후 시인으로 활동했다. 도연명이 지은 시들은 전원시(田園詩)의 대표격으로 분류된다. 전원시란 농촌 전원의 소박한 생활상과 풍경에서 느낄 수 있는 아름다움을 묘사하는 시를 말한다.

우리는 다른 사람과 연결되어 있을까?

선불교 _ 다도

정원의 다실에서 친구들과 함께 다례에 따라 차를 즐기며 물이 끓는 동안 시와 철학적인 글을 읽는 것은 선불교 철학에서 아주 중요한 부분이다. 이러한 활동은 16세기 일본의 시인이자 사상가 센노 리큐가 창시했다. 다도의 올바른 수행은 리큐가 '와(和)'라고 칭한 것, 즉 '화목'을 증진한다. 이는 참가자들이 함께 차를 마시면서 내면의 자아와 자연, 그리고 서로가 더 깊이 연결되어 있음을 재발견하는 과정을 통해 이루어진다.

그다음으로 '케이(敬)', 즉 '공경'의 마음이 일어날 수 있는데 이는 한정된 공간에 타인과 더불어 앉아 사회라는 세상의 압박과 술수에서 벗어나 서로 대화를 나눔으로써 얻는 결실이다. 성공적인 다도 수행은 또한 참가자들의 마음에 '자쿠(寂)', 즉 리큐의 차분함의 철학을 대표하는 개념인 '고요'를 깃들게 한다. 우리는 다도를 통해 철학의 진정한 과업은 단지 어떤 관념을 정립하는 데 그치는 것이 아니라 관념이 우리 정신에 더욱 단단하게 파고들어 원초적으로 작용하게 하는 방법을 세우는 것임을 배우게 된다.

센노 리큐(千利休, 1522~1591)

일본 다도 문화를 정립한 승려. 센노 리큐는 당대의 차 문화를 더욱 의미 있는 행사로 만들었다. 선불교의 와비사비 사상을 공유하기에 다도가 적합하다고 판단한 센노 리큐는 차를 마시는 공간과 도구, 방식 등에 변화를 주도하며 일본 다도 문화 정립하는 데 일조한다.

사진출처

1장 자기 삶의 주인이 되는 법

p.20 Leonidas Drosis, *The Statue of Socrates at the Academy of Athens* (1880). C Messier / Wikimedia Commons (CC BY-SA 4.0)

p.24 Joshua Miller / Unsplash

p.28 Antonio Zanchi / Artvee

p.32 Snapwire / Pexels

p.36 Confucius sculpture statue collage element psd © Rawpixel Ltd.
www.rawpixel.com

p.40 Zheng Xie, *Chinese bamboo* (1760) / Rawpixel (CC0)

p.44 Image © Rachel Sussman
www.rachelsussman.com

p.48 Katherine Mccormack / Unsplash

p.52 Morimoto Toko, *Churui Gafu* (1910) / Rawpixel (CC0)

p.56 Tunafish / Unsplash

2장 불안에 흔들리지 않는 법

p.62 Cornelis Jacobsz Drebbel / Artvee

p.66 Tobi / Unsplash

p.70 Joy Stamp / Unsplash

p.74 NASA / Apollo 11 / Wikimedia Commons

p.78 Rüdiger Stehn / Flickr (CC BY-SA 2.0)

p.82 Manos Kolovouris / Unsplash

p.86 Hu Zhengyan, *Shi Zhu Zhai* (1644–1911) / Rawpixel (CC0)

p.90 Anna Cicognani / Unsplash

p.94 Simon Goetz / Unsplash

p.98 Niketh Vellanki / Unsplash

3장 관계에서 중심을 잡는 법

p.104 Dean Cornwell, *Romantic Couple Seated by Piano* (1922) /

Artvee

p.108 Dominique Fortuné Maggesi, *Statue of Michel de Montaigne* (1858) / Wikimedia Commons (CC BY 3.0)

p.112 Drmakete Lab / Pexels

p.116 NO NAME / Pexels

p.120 Image © Marcia Mihotich
www.marciamihotich.com

p.124 Vladimer Shioshvili / Flickr (CC BY-SA 2.0)

p.128 Mir Ali Heravi, *Akbar With Lion and Calf, Folio from the Shah Jahan Album* (1630). Purchase, Rogers Fund and The Kevorkian Foundation Gift (1955) / Wikimedia Commons (CC0)

p.132 Head of Guanyin / Rawpixel (CC0)

p.136 Francisco Barberis / Flickr (CC BY 2.0)

p.140 Purblind / Flickr (CC BY-SA 2.0)

4장 복잡한 세상을 이해하는 법

p.146 Austrian National Library / Unsplash

p.150 Thomas Cole, *The Garden of Eden* (1828) / Frank Vincentz / Wikimedia Commons

p.154 Dan Cook Archived / Flickr (CC BY-SA 2.0)

p.158 Image © Marcia Mihotich
www.marciamihotich.com

p.162 Pixabay / Pexels

p.166 32199 / Pxhere

p.170 William Quiller Orchardson, *The First Cloud* (1887) / Wikimedia Commons

p.174 *Buddha, Confucius and Laozi as the 'Three Vinegar Tasters'*, c. 19th century. History / Bridgeman Images

p.178 Jacques Barbary / Unsplash

p.182 Oriento / Unsplash

정은주

고려대학교 영어영문학과를 졸업하고 서울대학교 공연예술학 석사 과정을 수료했다. 2007년부터 번역가로 일하면서 『GRAPHIC』 외 여러 잡지와 전시 도록, 『다른 방식으로 듣기』, 『젊고 아픈 여자들』, 『예술가의 공부』, 『푸투라는 쓰지 마세요』, 『백과전서 도판집』, 『예술가의 항해술』 등의 책을 번역했다. 현재 프리랜서로 번역과 편집을 한다.

나를 채우는 일상 철학

초판 1쇄 인쇄 2023년 12월 5일
초판 2쇄 발행 2024년 11월 29일

기획자 알랭 드 보통
지은이 인생학교
옮긴이 정은주

펴낸이 정은선
책임편집 김영훈

펴낸곳 ㈜오렌지디
출판등록 제2020-000013호
주소 서울특별시 서초구 서초중앙로 2길 35 돈일빌딩 4층
전화 02-6196-0380
팩스 02-6499-0323
ISBN 979-11-7095-071-4 (03100)